<그리스도인이면 꼭 알아야 할 성경 지식>

디도서

선한 일들에
유념하여 진력하라

서울솔로몬학교 성경연수원

차 례

이 책에 인용된 성경 구절은 〈한글킹제임스성경〉입니다.

제1과

목사의 자격 요건(1장)

『누가 되더라도 비난받을 것이 없고 한 아내의 남편이어야 하며, 방탕하다거나 불순종한다는 비방을 받지 않는 신실한 자녀를 둔 사람이어야 하느니라』(딛 1:6).

디도서는 어떤 책인가?

디도는 헬라인인 이방인이었다(갈 2:3). 디도는 사도행전에는 나오지 않지만 성경 여러 곳에서 모습을 보인다(고후 2:13, 갈 2:1, 딤후 4:10). 디도는 크레테의 목사였으며(딛 1:5), 그렇기에 그에게 보내는 서신에서 목회에 대한 가르침들을 발견할 수 있다(딛 1:5-9; 2:1-15; 3:1-11). 디모데와 디도 모두 젊은 목회자들이었기에 "양무리"를 인도하는 법에 대해 알아야 했던 것이다. 이런 이유로 디모데전서와 디도서는 흡사한 내용들이 많다. 특히 거짓 교사들, 거짓 교리, 쓸모없는 논쟁, 거룩한 삶, 감독이 되기 위한 자격, 신중하고 의롭게 살아가야 하는 이유 등에 관한 문제는 두 서신에서 모두 강조되는 내용이다.

디도는 크레테에 있는 목자였는데, 크레테는 아프리카의 북쪽 해안에서 떨어져 있는 큰 섬이다. 크레테인들은 함의 후손들로서, 사도행전 2장에서 오순절에 참여하기도 했다(행 2:11). 사도 바울은 로마로 갈 때 크레테에 있는 "아름다운 항구"를 거쳐서 갔는데(행 27:8,9), 그곳 크레테에서 얼마간 시간을 보내고 있을 때(행 27:7-9) 몇몇 사람들을 그리스도께로 인도했고, 이 사람들이 후에 지역 교회를 세운 것이다. 사도 바울은 첫 번째 투옥에서 풀려난 후 크레테로 돌아왔고(빌 2:24, 몬 1:22) 크레테를 떠나면서 남겨 놓은 디도에게 디도서를 써서 보냈다.

디도서의 지배적인 주제는 "선한 일"이다. 『**선한 사람들**』(딛1:8),

『**선한 일**』(딛 1:16), 『**선한 것들**』(딛 2:3), 『**선한 일**』(2:7), 『**선한 충성**』(2:10), 『**선한 일**』(2:14), 『**선한 일**』(3:1), 『**선한 일들**』(3:8), 『**선한 일들**』(3:14). 디도서는 또한 모범적인 그리스도인의 행동과 외부인을 향한 행동을 다루고 있다(딛 2:5,7-8,10; 3:1,8).

디도서는 3장 46구절로 이루어져 있다. 기록된 시기는 대략 바울이 첫 번째 투옥된 시기와 두 번째 투옥된 시기 사이로서, A.D. 62년 내지 A.D. 67년경이다.

세상이 시작되기 전에 약속된 영생

『바울은 하나님의 종이요, 예수 그리스도의 사도이니, 이는 하나님의 택하신 자들의 믿음과 경건에 따른 진리의 지식에 따라 영생의 소망 안에서 주어진 것으로, 이 영생의 소망은 거짓말하실 수 없는 하나님께서 세상이 시작되기 이전에 약속하셨다가 때가 되어 그의 말씀을 복음 전파를 통해 나타내셨는데, 이 일은 우리 구주 하나님의 명령에 따라 내게 맡겨진 것이라』(1-3절).

디도서의 첫 대목은 신약에서의 전환기를 보여 준다. 디도서 뒤에 나오는 야고보서도 디도서처럼 "하나님의 종"으로 시작되기 때문이다. 『**하나님과 주 예수 그리스도의 종**[a servant of God and of the Lord Jesus Christ] **야고보는 널리 흩어져 있는 열두 지파에게 문안하노라**』(약 1:1). 교회 시대의 서신서들이 시작되는 로마서 1:1에는 "예수 그리스도의 종"이라고 되어 있는 반면, 디도서는 "하나님의 종"으로 시작됨으로써, 교회 시대 서신서들이 종결됨을 보여주는 것이다.

세상이 시작되기 이전에 주어진 영생에 대한 약속(2절)은 죄인의 구원과 관련하여 주어진 것이 아니다. 칼빈주의자들은 이 약속을 영원 전에 그리스도 안에 있던 사람들에게 주신 것이라며 그들의 예정론에 적용하겠지만, 이 말씀은 죄인의 구원과는 아무런 관련이 없다. 이 영생에 대한 약속은 신격의 두 번째 위격이신 분께 주어진 것으로, **『세상이 시작되기 이전에』**는 어떤 사람도 없었으므로 그 약속을 사람에게 준다는 것은 있을 수 없는 일인 것이다. 아버지께서는 주 예수 그리스도께서 "세상이 시작된 이래로 죄인들을 위해 죽임당하실"(계 13:8) 경우에 부활하시어 "한 사람"으로서 『영생』을 받으실 것을 그분께 약속하셨던 것이다.

『그는 육체로 계시는 날들 동안 자기를 사망에서 구원하실 수 있는 분께 심한 통곡과 눈물로 기도와 간구를 드렸고 하나님께서는 그의 두려워하심을 인하여 들으셨느니라』(히 5:7). **『그가 주께 생명을 구하므로 주께서 그에게 주셨으니 곧 영원무궁토록 긴 날들이니이다』**(시 21:4). **『그러나 하나님은 내 혼을 음부의 권세에서 구속하시리니 그가 나를 받아 주시리라』**(시 49:15). **『이는 주께서 내 혼을 지옥에 내버려 두지 아니하시며 또 주의 거룩하신 분으로 썩어짐을 보지 않게 하실 것임이니이다』**(행 2:27). **『죽음의 슬픔이 나를 에워싸고... 지옥의 슬픔이 나를 에워쌌으며... 그가 위에서 보내시어 나를 취하시고 많은 물들에서 나를 건져 내셨도다』**(시 18:4,5,16).

주 예수 그리스도께서 죄인들을 위해 죽어야 하는 제안에 대면하셨을 때, 주님께서는 이 제안을 수용하셨고, 초림 때 죄인들을 위해 십자가를 지셨으며, 죽으신 후 "살과 뼈"를 가진 상태로 부활하시어 그 뒤로 다시는 죽지 않고 영원히 살아 계신다. 말하자면 그 영생에 대한 약속은 "예수 그리스도의 부활"에 관한 말씀인 것이다(행 1:3, 롬 1:1-4). 이 약속은 거짓말하실 수 없는 하나님께서 하신 것이었고, 하나님께서는 그 약속을 예수 그리스도께 신실하게 지키셨다. 그렇기에 예수 그리스도께서는 이렇게 말씀하실 수 있다. 『**나는 살아 있는 자며, 죽은 자였으나, 보라, 영원무궁토록 살아 있노라. 아멘**』(계 1:18).

각 성읍에 장로들을 세우라

『내가 너를 크레테에 남겨 놓은 이유는 너로 부족한 일들을 바로잡고, 내가 명한 대로 각 성읍에 장로들을 세우게 하려 함이니 누가 되더라도 비난받을 것이 없고 한 아내의 남편이어야 하며, 방탕하다거나 불순종한다는 비방을 받지 않는 신실한 자녀를 둔 사람이어야 하느니라. 감독은 하나님의 청지기로서 비난받을 것이 없고 자기 고집대로 아니하며, 쉬 화내지 아니하고 술을 즐기지 아니하며, 구타하지 아니하고 더러운 이익을 탐내지 아니하며 대접하기를 좋아하고, 선한 사람들을 좋아하며, 신중하고 정의로우며, 거룩하고 절제하며, 가르침받은 대로 신실한 말씀을 굳게 붙잡아야 하리니, 이는 그가 반박하는 자들을 건전한 교리로 권면하고 설득할 수 있게 하려는 것이라』(5-9절).

디도가 크레테에 남겨진 이유는 각 성읍에 장로들을 세우게 하려는 것이었다. 장로에게는 몇 가지 자격 요건들이 있는데, 장로에게는 "**비난받을 일이 없어야 함**"이 두 번이나 강조되고 있다(6,7절). 이것은 "**장로의 직분을 수행하는 데 있어서**" 비난받을 일이 없어야 함을 말하는 것으로서, 그 직분의 역할들을 완수하면, 그가 부적절하게 행동한다고 아무도 비난할 수 없게 된다. 만일 장로가 비난을 받아야 한다면 그것은 그가 "주님을 성경적으로 잘 섬겼을 때 닥치는 비난"이 되어야만 한다. 『**너희가 그리스도의 이름을 위하여 욕을 당하면 복이 있느니라. 이는 영광의 영 곧 하나님의 영께서 너희 위에서 안식하고 계시기 때문이니라. 그들의 편에서는 그분께서 비방을 당하시나, 너희의 편에서는 영광을 받으시느니라. 너희 중에 누구도 살인자나 도둑이나 행악자나 다른 사람들의 일에 간섭하는 자처럼 고난을 당하지 않게 하라. 그러나 만일 너희가 그리스도인으로서 고난을 당하면 부끄러워하지 말고 오히려 그 일로 인하여 하나님께 영광을 돌리라**』(벧전 4:14-16).

장로, 곧 감독은 『**한 아내의 남편**』(5절)으로서 혼인한 남자여야 한다. 즉 성경은 여자 목사를 인정하지 않는 것이다. 사도 바울처럼 결혼하지 않은 사람도 하나님을 위해 많은 일을 할 수 있지만, 결코 목사가 될 수는 없다. 감독은 또한 『**방탕하다거나 불순종한다는 비방을 받지 않는 신실한 자녀를 둔 사람이어야**』(6절) 하는데, "신실한 자녀"는 반드시 "회심하여 믿는 자녀"를 뜻하지는 않는다. 감독의 자격을 지니려면 모든 자녀가 "믿는 자들"이어야 한다고 (심지어 "믿는 자녀"라고 변개시키면서까지) 가르치는 자들은 "침례에 의한 중생"에 의존하여 아기들에게 물을 뿌려서라도 "그리스도인"으로 만들려고 한다. 왜냐하면 "예수 그리스도를 믿을 수 없는 아기"를 둔 목사 지망생은 "믿는 자녀"가 없는 탓에 목사가 될 수 없기 때문이다. 본문의 "신실하다"는 말은, 자신의 아버지에 대해 건잡을 수 없는 고집쟁이가 아니라 순종하는 자녀임을 뜻한다. "믿는" 자녀들이라 해도 얼마든지 아버지에게 반항할 수 있다. 구원받았다는 사실이 가족 간의 문제를 해결해 줄 수 있는 것이 아니다.

『**하나님의 청지기로서 비난받을 것이 없고**』(7절)라는 말씀은 고린도전서 4:1,2에 비추어 생각해 볼 수 있다. 『**그러므로 사람들이 우리를 그리스도의 일꾼이며 하나님의 신비들을 맡은 청지기로 여기게 하라. 청지기에게 요청되는 것은 무엇보다도 신실한 사람으로 발견되는 것이라**』(고전 4:1,2). 『**하나님의**

청지기』는 『**하나님의 신비들을 맡은 청지기**』로서, 하나님의 일을 맡은 신실한 청지기들에게는 일곱 가지 신비들이 맡겨져 있다.

1. 첫 번째 신비는 **하나님께서 육신으로 나타나셨다는 신비**이다(예수 그리스도의 동정녀 탄생). 『**경건의 신비는 논쟁의 여지없이 위대하도다. 하나님께서는 육신으로 나타나셨고 성령으로 의롭게 되셨으며, 천사들에게 보이셨고 이방인들에게 전파되셨으며, 세상에서 믿은 바 되셨고 영광 가운데로 들려올라 가셨음이라**』(딤전 3:16). 동정녀 탄생은 "경건의 신비"로서 모든 논쟁을 폐하는 위대한 신비이다. 하나님께서 인간의 몸을 입고 갓난아기로 이 세상에 오셨다는 사실에 대해서 아무도 논쟁하려 해서는 안 된다. 이 신비를 논리적으로 설명할 수 있는 인간은 아무도 없다. 다만 "믿음"이 요구될 뿐이다.

2. 두 번째 신비는 **그리스도께서 믿는 자들 안에 들어와 거하신다는 신비**이다. 『**하나님께서는 이들에게 이방인들 가운데서 이 신비의 영광의 풍요함이 어떠한지를 알리고자 하셨으니 이 신비는 너희 안에 계신 그리스도시요, 곧 영광의 소망이라**』(골 1:27). 우리는 수많은 그리스도인들의 몸 안에 그리스도께서 각각 들어와 사신다는 사실을 믿을 수는 있어도 이성적으로 설명할 수는 없다. 『**그리스도께서 나뉘시느냐?**』(고전 1:13) 결코 그렇지는 않다. 당신은 이것을 어떻게 설명하겠는가? 이것은 신비이다.

3. 세 번째 신비는 **유대인과 이방인이 그리스도 안에서 한 몸을 이루는 신비**이다. 『**이는 우리가 그의 몸과 그의 살과 그의 뼈의 지체임이라... 이것은 위대한 신비라. 그러나 나는 그리스도와 그 교회에 관하여 말하노라**』(엡 5:30,32). 유대인이건, 이방인이건, 구원받고 그리스도인이 되면 그들 안에 그리스도께서 거하시고, 한편으론 그들 모두가 그리스도의 몸과 살과 뼈의 지체가 되어 그분 안에 있게 된다. 어떻게 그럴 수가 있는가? 당신은 이것을 설명할 수 있는가? 또한 그리스도께서는 현재 하늘에 계시는 반면, 당신은 지금 이 땅에 있다. 그런데 그분과 당신은 한 몸을 이루고 있다. 이것을 어떻게 설명하겠는가? 이것

은 신비인 것이다.

4. 네 번째 신비는 이스라엘의 회복과 관련된 신비이다. 『**형제들아, 너희가 스스로 지혜 있는 체하지 않게 하기 위하여 이 신비를 너희가 모르기를 내가 원치 아니하노니 이는 이방인들의 충만함이 차기까지는 이스라엘의 일부가 완고하게 된 것이라**』(롬 11:25). 이스라엘의 일부가 완고하게 되었지만, 『**이는 이방인들의 충만함이 차기까지**』 그렇다고 성경은 말씀한다. 그들은 장차 언젠가 구원받고 되돌아오게 된다는 것이다. 이스라엘은 영원토록 멸망한 것이 아니다. 이스라엘은 반드시 회복될 것이며, 이스라엘을 향한 하나님의 모든 약속들은 그대로 실현될 것이다. 이것은 신비이다.

5. 다섯 번째 신비는 휴거의 신비이다. 『**보라, 내가 너희에게 한 가지 신비를 말하노니 우리가 다 잠잘 것이 아니요 오히려 우리가 모두 변화될 것이니**』(고전 15:51). 이 신비는 그리스도의 몸인 교회, 즉 그리스도인들이 어느 날 갑자기 이 지상에서 사라져 버리는 엄청난 사건에 대한 신비이다. 『**마지막 나팔 소리에 눈깜짝하는 순간에 그러하리라**』(고전 15:52). 그리스도인들이 휴거될 때, 그리스도 안에서 죽어 땅에 묻혔던 성도들은 다시 살아나고, 그들과 살아 있는 성도들은 모두 변화된 몸을 입고서 끌려 올라가게 될 것이다. 『**나팔 소리가 나면 죽은 자들이 썩지 아니하는 몸으로 일으켜지며 우리도 변화되리라**』(고전 15:52).

6. 여섯 번째 신비는 불법의 신비이다. 『**불법의 신비가 이미 활동하고 있나니 현재는 막는 자가 있어 막을 것이나 그가 그 길에서 옮겨질 때까지만 그리하리라**』(살후 2:7). 적그리스도는 그 자체가 신비이다. 적그리스도는 그의 예표가 되는 인물들을 통해서 이미 활동하고 있었다.

7. 일곱 번째 신비는 큰 바빌론의 신비이다. 『**그녀의 이마에 한 이름이 기록되어 있는데 "신비라, 큰 바빌론이라, 땅의 창녀들과 가증한 것들의 어미라."고 하였더라**』(계 17:5). 이 신비는 『**여자**』(계 17:3)라고 불리는 『**땅의 왕들을 다**

스리는 큰 도성』(계 17:18)과 관련된 것으로서, 과거의 바빌론 종교가 로마카톨릭으로 부활하여 세상을 지배하는 것을 말한다.

감독은 이와 같은 일곱 신비들을 하나님의 청지기로서 잘 지키고 관리하며 성도들에게 가르칠 줄 아는 사람이어야 한다. 일곱 신비들을 가르칠 줄 모르는 사람은 목사로서 자격이 없다. 목사는 『**가르침받은 대로 신실한 말씀을 굳게 붙잡아... 반박하는 자들을 건전한 교리로 권면하고 설득할 수 있**』는 사람이어야 한다(9절).

크레테인들에 대한 "인종 차별"적 평가

『이는 불복종하는 자들과 헛된 말을 하는 자들과 속이는 자들이 많기 때문이며, 특히 할례파 중에 그러한 자들이 많으니, 더러운 이익 때문에 가르쳐서는 안 될 것들을 가르쳐서 집들을 온통 뒤집어 놓는 그들의 입을 막아야 될 것이라. 그들 중의 하나인, 그들 자신의 선지자조차도 말하기를 "크레테인들은 항상 거짓말쟁이들이고 악한 짐승들이며, 게으른 탐식가들이라." 했으니, 이 증거가 옳도다. 그러므로 너는 그들을 엄히 꾸짖어 그들로 믿음 안에서 건전해지게 하고 유대인들의 꾸며 낸 이야기와 진리에서 벗어난 사람들의 계명들에 귀를 기울이지 못하게 하라』(10-14절).

사도 바울은 철저하게 "인종 차별"적이다. 그는 한 섬에 있는 한 민족 전체를 가리켜서 "거짓말쟁이들이요 악한 짐승들이며, 게으른 탐식가들"이라고 정죄하고 있다.

『**할례파**』(10절)에 속한 크레테인들은 "그리스도인이었다가 유대교로 개종한 사람들"(13,14절)로서, 그들은 『**유대인들의 꾸며 낸 이야기와 진리에서 벗어난 사람들의 계명들**』(14절)로 디도의 목회 사역에 많은 곤란을 야기시켰다. 사도 바울은 크레테인들의 선지자의 말을 인용함으로써 "크레테인들은 항상 거짓말쟁이들이고 악한 짐승들이며, 게으른 탐식가들이라."는 점을 부각시킴으로써 그들에 대한 "강력한 대응"을 주문했다. 『**더러운 이익 때문에 가르쳐서는 안 될 것들을 가르쳐서 집들을 온통 뒤집어 놓는 그들의 입을 막아야 될 것이라**』(11절). 『**그들을 엄히 꾸짖어**』(13절). 그들을 엄히 꾸짖고 입을 막아야 할 이유는 세 가지인데, **첫째, 그들이 가르치는 동기가 돈이기 때문이며(딤전 6:5,10), 둘째, 그들이 가르쳐서는 안 될 것들을 가르치기 때문이고, 셋째, 그렇게 함으로써 집들을 온통 뒤집어놓아 자신들의 지배하에 놓기 때문이다(11절).**

크레테인들은 당시 너무나 악명이 높았기 때문에, 헬라인들은 "**크레티제인**"이라는 동사를 만들어 그 단어를 "**거짓말하고 속이는 일**"에 사용하기도 했다. 그런 그들을 엄히 꾸짖어야 하는 이유는 그리스도인들이 "믿음 안에서" 건전해지게 하기 위함인데(13절), 이는 **비록 "믿음 안에" 있다 해도(구원받음) 믿음 안에서 건전하지 않을 수 있기 때문**이다. 예수 그리스도를 믿음으로써 하나님의 은혜로 구원을 받았다 해도 그 뒤 "다른 교리에 귀를 내주어 꾸며 낸 이야기와 끝없는 족보에 몰두하는" 자들이 나올 수 있는 것이다(딤전 1:3-5, 행 20:30).

사도 바울이 경고한 『**진리에서 벗어난 사람들의 계명들**』(14절)은, 예를 들어 구원을 위해 "할례"를 받아야 한다는 것(10절의 "할례파," cf. 행 15:5)과 특정 음식을 삼가는 것을 뜻한다(딤전 4:1-4, 골 2:20-22). 전자에 대한 바울의 해법은 『**내가 할례받은 모든 사람에게 다시 증거하노니 그는 온 율법을 행할 의무가 있는 자라.**』(갈 5:3)와 『**예수 그리스도 안에서는 할례나 무할례가 쓸모없고 오직 사랑으로 역사하는 믿음뿐이니라.**』(갈 5:6), 『**그리스도 예수 안에서는 할례나 무할례가 아무 효력이 없으되 오직 새로운 피조물뿐이니라.**』(갈 6:15)이다. 후자에 대한 바울의 해법은 『**정결한 사람들에게는 모든 것이 정결하나 더럽혀진 자들과 믿지 않는 자들에게는 아무것도 정결한 것이 없고, 도리어 그들의 마음과 양심이 다 더럽혀져 있느니라.**』(15절)라는 말씀에 담겨 있다. 『**이제 성령께서 분명히 말씀하시나니, 마지막 때에 어떤 자들이 믿음에서 떠나 미혹하는 영들과 마귀들의 교리들을 따르리라. 그들 자신의 양심이 화인을 맞아 위선으로 거짓을 말하리라. 혼인을 금하고 음식을 삼가라고 명하리니, 이 음식은 하나님께서 진리를 믿고 아는 사람들이 감사함으로 받도록 지으신 것이라. 하나님께서 지으신 것은 모두 좋은 것이요, 감사함으로 받으면 아무것도 버릴 것이 없으니, 이는 하나님의 말씀과 기도로써 거룩하게 됨이라**』(딤전 4:1-5).

사도 바울은 믿음에서 떠나 사람들의 계명들로 돌이킨 자들을 가리켜서 『**하나님을 안다고 고백하나 행위로는 부인하나니, 가증한 자요, 불순종하는 자요, 모든 선한 일에 버림받은 자들**』(16절)이라고 정죄하고 있다. 누가 되었든지 『**더러운 이익 때문에**』(11절) 자신의 배를 섬기려고(롬 16:18, 빌 3:19) 믿음에서 떠난다면 그와 같은 정죄를 피할 수 없다.

■ 새롭게 깨달았거나 적용할 내용이 있다면 적어 보세요. ■

제1과
복습문제

1. 디도는 (　　　　　　　　)인 이방인이었다.

2. 디도는 (　　　　　　　　) 섬의 목사였다.

3. 세상이 시작되기 이전에 주어진 영생에 대한 약속은 누구에게 주어진 것인가?

4. 장로의 자격 가운데 "신실한 자녀"를 두어야 한다는 것은 "믿는 자녀"를 두어야 한다는 뜻이다. (O , X)

5. 하나님의 청지기는 하나님의 (　　　　　　　　)을 맡은 청지기를 말한다.

6. 비록 "믿음 안에" 있다 해도 믿음 안에서 건전하지 않을 수 있다. (O , X)

■ 새롭게 깨달았거나 적용할 내용이 있다면 적어 보세요. ■

NOTES

NOTES

제2과

건전한 교리를 따르는 건전한 말과 행위(2:1-10)

『매사에 네 스스로가 선한 일에 본을 보이고 교리에 있어서는 부패치 않음과 신중함과 진실함을 보이며 건전한 말을 하여 정죄받지 않도록 하라』(딛 2:7,8).

건전한 교리에 부합되는 것들

『그러나 너는 건전한 교리에 부합되는 것들을 말하며, 나이 많은 남자들은 신중하고 근엄하며, 절제하고 믿음과 사랑과 인내함에 건전하게 하고』(1,2절).

사도 바울은 목사인 디도에게 "건전한 교리에 부합되는 것들"을 말하라고 명령한다. 이어지는 내용들은 문자 그대로 "건전한 교리에 부합되는 것들"인데, 2절부터 6절까지의 내용을 보면 **그리스도인의 "교리"가 그리스도인의 "삶의 모든 영역"을 다룬다**는 점을 알 수 있다. 말하자면 교리는 교회가 나아가야 할 방향을 제시할 뿐만 아니라, 그것을 따르는 그리스도인 개개인이 바르게 살도록 이끌어 주는 것이다. 마치 멍에 아래 있는 종(그리스도인)이 자기 주인을 공경하며 복종할 때 그가 믿는 교리가 돋보이는 것과 같다. 『**멍에 아래 있는 모든 종은 자기 주인들을 모든 공경을 받을 자로 여기라. 이는 하나님의 이름과 그분의 교리가 모독을 받지 않게 하려는 것이라. 믿는 주인을 섬기는 자들도 그들이 형제라고 해서 경히 여기지 말고 오히려 더욱 잘 섬겨야 하리니, 이는 그들이 신실하고 사랑받는 자들이며, 선한 일에 동참하는 자들이기 때문이라. 이러한 것들을 가르치고 권면하라. 만일 누군가가 다르게 가르치며 건전한 말씀, 곧 우리 주 예수 그리스도의 말씀과 경건에 따른 교리에 일치하지 아니하면 그는 교만해서 아무것도 아는 것이 없고**』(딤전 6:1-4).

바른 교리는 경건한 삶을 낳는다. 이와 관련하여 밥 존스 시니어는 "성경에 나와 있는 윤리(ethics)는 교리들(doctrines)과 마찬가지로 영감받은 내용들이다."라고 했다. 성경의 교리는 그것을 믿는 성도의 도덕적 행동과 윤리에 영향을 끼치는데, 이 점은 복음에 따른 건전한 교리가 도덕적, 윤리적 죄들을 반대

한다는 점에서도 읽을 수 있다. 『**알 것은 이것이니, 율법은 의로운 사람을 위하여 제정된 것이 아니라, 불법자들과, 순종하지 않는 자들과, 경건치 않은 자들과, 죄인들과, 거룩하지 않은 자들과, 속된 자들과, 아비를 죽이는 자들과, 어미를 죽이는 자들과, 살인자들과 음행하는 자들과, 남자로 자신을 더럽히는 자들과, 유괴하는 자들과, 거짓말하는 자들과, 거짓되이 맹세하는 자들과 그 밖에 건전한 교리에 역행하는 것들을 위함이니 이는 복되신 하나님의 영광스러운 복음에 따른 것이며, 이 복음은 내게 맡겨진 것이라**』(딤전 1:9-11).

이제 우리는 자신에게 물어야 한다. "구약과 신약, 교회 시대, 휴거, 대환란, 재림, 천년왕국, 백보좌 심판, 영원 세계 등에 관한 '교리들'을 믿고 있는 나는 어떤 사람이 되어야 하는 것일까?" 이에 관해 사도 베드로가 정확히 답변해 주고 있다. 『**그러나 주의 날이 밤에 도둑같이 오리니 그 날에는 하늘들이 굉장한 소리를 내며 사라지고 우주의 구성 요소들이 맹렬한 불로 녹아내리며 땅과 그 안에 있는 일들이 타버릴 것이라. 그때 이 모든 것이 녹아 버리리니 너희가 모든 거룩한 행실과 경건에 있어 어떠한 사람들이 되어야겠느냐? 하나님의 날이 오기를 고대하고 열망하라. 그때는 하늘들이 불에 타서 녹아 버리고 우주의 구성 요소들도 맹렬한 불에 녹아내릴 것이나 우리는 그의 약속대로 의가 거하는 새 하늘들과 새 땅을 기다리도다. 그러므로 사랑하는 자들아, 너희가 이런 것을 기다리고 있으니 점 없고 흠 없이 평강 가운데서 그분께 발견되도록 힘쓰라**』(벧후 3:10-14).

『**나이 많은 남자들은 신중하고 근엄하며, 절제하고 믿음과 사랑과 인내함에 건전하게 하고**』(2절). "**신중하다**"(sober)라는 말은 "술 취하지 않은 맑은 정신"을 뜻한다. 나이든 남자들은 술 취하면 안 된다. 마시고 있다면 끊어야 한다. 또한 "**근엄하다**"(grave)라는 말은 "무덤"이라는 말과 관련지을 수 있다. **나이 많은 남자들은 사람이 무덤 앞에서 진지해지고 존경을 표하며 사후를 생각하고 영원한 것에 마음을 고정시키듯이 "근엄하게" 살아야 한다.** 그것은 바리새인들과 같은 종교적 위선자들의 "꾸며 낸 근엄함"이 아니라 성경적 교리에 근거한 진실한 믿음에서 나오는 근엄함이어야 한다. 성도들에게 건전한 교리를 가르쳐야 할 디도는 나이 많은 남자들에게 신중하고 근엄한 사람이 되어야 한다고 말해야 했다. 그것이 그에게서 건전한 교리를 배운 성도들이 보여야 할 올바른 처신이기 때문이다. 그리고 "**절제하고**"(temperate)라는 말은 그 무엇에도 과도하게 집착하지 않고 스스로를 통제하라는 뜻이다. 즉 **과식**, **늦잠**, **과로** 뿐만 아니라, "**너무**" 오랜 기간 동안 기도하지 않거나 잠을 "**너무**" 적게 자거나 "**너무**" 적게 먹는 것도 지양해야 한다. 성경을 공부할 때 **자기가 좋아하는 내용에만 집착**하는 일도 하지 말아야 한다.

『나이 많은 여자들도 이와 같이 되게 하여 행실이 거룩하고 모함하지 아니하며, 술에 인박이지 아니하며, 선한 것들을 가르치는 선생이 되어, 그들이 젊은 여자들을 가르쳐서 절제하고 남편을 사랑하며 자녀들을 사랑하고, 신중하며 정숙하고 집안 일에 힘쓰며 선하고 그들 자신의 남편에게 복종하게 하라. 이는 하나님의 말씀이 모독을 받지 않게 하려 함이라』(3-5절).

『나이 많은 여자들』(3절)에게는 "**행실의 거룩함**"이 요구된다. 대개 여자들은 늙어도 자신을 꾸미는 일에 게으르지 않은데, 그들이 추구해야 할 진정한 아름다움은 "**거룩함**"이다(시 29:2; 96:9). "**거룩함의 아름다운 것들**"(시 110:3)로 치장한 **『나이 많은 여자들』**은 누군가를 모함하지(3절) 않고, 오히려 그녀의 입술로 주 예수 그리스도를 높이며, 죄에 찌든 여인들을 주님께 이겨올 것이다. 또한 술을 끊고(**『술에 인박이지 아니하며』**), **『선한 것들을 가르치는 선생이 되어』**(3절) 젊은 여자들에게 그녀들이 마땅히 해야 할 일들을 가르쳐 줄 수 있게 된다. **『젊은 여자들을 가르쳐서 절제하고 남편을 사랑하며 자녀들을 사랑하고,**

신중하며 정숙하고 집안 일에 힘쓰며 선하고 그들 자신의 남편에게 복종하게 하라』(4,5절). 젊은 여자들은 『**남편을 사랑하며 자녀들을 사랑**』해야 한다(4절). 남편과 자녀에 대한 "사랑"을 강조하는 것은 자기 가족을 사랑하지 않는 여자들이 많기 때문이다. "마지막 날들"에는 가족보다는 "자기를 사랑하고 돈을 사랑하는"(딤후 3:2) 사람들이 교회 안에 많을 것이므로 그와 같은 명령은 절대적으로 필요하다. 젊은 여자들에게 있는 "**탐욕**"을 생각해 보라. 그들은 선과 악의 지식의 나무 앞에 선 "**이브의 눈**"으로 세상을 바라보기 쉽다. 또한 가족이 늘 사랑스러운 것은 아니기 때문이기도 한데, 살다 보면 남편 때문에 지치고 자식들 때문에 지칠 수 있다. 남편이나 자녀에 대한 분노가 "마침내" 폭발하여 가정이 어지러워질 수도 있다. 이 점은 인고(忍苦)의 세월에 무경험하며 감정에 치우치기 쉬운 젊은 여자들에게 자주 나타나는 현상이기에 그들은 남편과 자녀들을 이해하며 사랑하려고 "노력할" 필요가 있다.

또한 젊은 여자들은 "집안 일에 힘써야"(keepers at home) 한다(5절). 젊은 여자들은 집안을 지키되(keep), 단순히 "집에서 일만 하는 사람"이나 "집에서 시간을 보내는 사람"이어서는 안 된다. 즉 자신의 집안을 "책임지고" 운영할 줄 알아야 한다. 이에 관한 모범적인 예가 "잠언 31:10-31"에 등장하는 "**현숙한 여인**"이다. "현숙한 여인"은 하루 종일 집안에만 머물면서 TV 연속극이나 보고 전화로 수다를 떠는 사람이 아니다. "현숙한 여인"은 자기 집안의 일을 훌륭하게 처리하면서 지혜롭게 유지해 간다. 남편과 자녀들을 세심히 보살피고 "**남편에 복종하며(!)**" 집안 일에 관한 한 절대 게으르지 않다. 이것이 바로 집안을 "지키는" 일이다. 젊은 여자들이 "현숙한 여인"처럼 행해야 하나님의 말씀이 그들로 인해 모독을 받지 않게 된다(5절).

성경에는 하나님의 말씀이 모독받는 세 가지 경우가 나온다. 유대인이 자기가 실행하지도 않는 말씀(율법)을 가르치고 선포할 때(롬 2:21,24), 그리스도인인 종이 자기 주인에게 순종하지 않을 때(딤전 6:1-4), 그리스도인 여인이 남편

에게 순종하지 않고 다툴 때(딛 2:5)가 그렇다. 이 세 가지 경우는 모두 "**순종(!)**"해야 할 위치에 있는 사람들과 관련된 것으로, 유대인의 경우에는 그들에게 맡겨진 하나님의 말씀에 순종해야 한다(롬 3:1-4).

선한 일에 본이 되어야 할 "목사" 디도

『이와 같이 젊은 남자들에게도 신중하게 행동하도록 권하되 매사에 네 스스로가 선한 일에 본을 보이고 교리에 있어서는 부패치 않음과 신중함과 진실함을 보이며 건전한 말을 하여 정죄받지 않도록 하라. 이는 대적하는 자로 부끄러움을 당하여 너희를 악하다고 말하지 못하게 하려 함이니라』(6-8절).

『**젊은 남자들**』은 『**신중하게**[sober minded]』 행동해야 한다. 즉 시대의 유행을 좇아다니며 흥청거리지 말고, 인생의 실제적인 문제에 대해서 마음으로 진지하게 생각해야("minded") 한다. 『**열심을 다하여 네 마음을 지키라. 이는 삶의 문제들이 거기서 나옴이라**』(잠 4:23). 잠깐 지나가는 현 세상을 음탕한 타국 여인에게 유혹당해 버린 어리석은 젊은이처럼 살아서는 안 된다. 『**그녀가 여러 가지 달콤한 말로 그를 홀리고 아첨하는 입술로 그를 꾀므로 그가 곧장 그녀를 따라가니, 수소가 도살장으로 가는 것 같고 어리석은 자가 징계받으러 가는 것 같으니 결국 화살이 그의 간을 꿰뚫을 것이요, 마치 새가 자기 목숨을 잃는 줄도 모르고 급히 덫으로 들어가는 것과 같으니라**』(잠 7:21-23). "**신중한 젊은이라면 자신의 마음을 하나님, 하늘, 지옥, 성경, 예수 그리스도, 자신의 삶에 대한 하나님의 뜻, 육신을 통제하는 것, 성경을 알아가는 것, 젊음의 정욕**

을 피하는 것, 그리스도인 아내를 구하는 것, 가족을 부양하는 것, 혼들을 그리스도께로 이겨오는 것, 온전하게 하나님을 섬기는 것 등에 둘 것이다"(피터 럭크만).

사도 바울은 지역 교회의 목사인 디도에게 디도 자신이 먼저 매사에 선한 일에 본이 되어야 한다고 명령한다. 성도들에게 가르칠 뿐만 아니라 디도 자신이 먼저 행해야 한다는 것이다. **『너희 가운데 있는 하나님의 양무리를 치고 돌보되 마지못하여 하지 말고 자원함으로 하며 더러운 이익을 위하여 하지 말고 준비된 마음으로 하며 하나님께서 맡겨 주신 자들을 지배하려 하지 말고 오직 양무리의 본이 되라』**(벧전 5:2,3).

특히 디도는 교리에 있어서 부패해서는 안 되었는데(7절), 이 점은 사도 바울이 디모데에게 주었던 명령과도 일치한다. **『네 자신과 교리에 주의하고 이 일들을 계속하라. 이것을 행함으로써 네 자신과 네 말을 듣는 사람들을 구원하리라』**(딤전 4:16). "목사"는 또한 "교사"이기에(엡 4:11), 성경을 가르치는 그는 언제 어디서나 자신을 돌아보고 자기가 배운 건전한 교리를 여전히 고수하고 있는지를 주의해서 살펴야 한다. 목사의 사역에 교리적 허점이 보이기 시작하면 그 자신은 물론, 그에게서 배우는 성도들까지도 "마귀의 뜻대로 그에게 사로잡혀 마귀의 올무에 걸려들게 된다"(딤후 2:26). 급기야는 그가 담임하고 있는 지역 교회 전체를 파멸로 몰아갈 수도 있다. 부패한 교리는 성도들의 믿음을 뒤엎는다(딤후 2:18). **하나님께서는 목사들에게 『건전한 교리』를 붙들고서 바로 그것을 가르칠 것을 명령하고 계시는 것이다(딤전 1:10, 딤후 4:3, 딛 1:9; 2:1)**. 또한 디도 "목사"는 "건전한 말을 하여 정죄받지 않아야" 한다(8절). "건전한 말"이란 진리를 말하는 것을 뜻하며, 목사의 사역은 주로 "말"로 이루어진다. 그의 말 한마디에 전체 회중이 영향을 받기 때문에, 말을 할 때는 "하나님의 말씀처럼" 해야 한다(벧전 4:11). 목사가 건전한 말을 하면 정죄받지 않게 되지만, 그럼에도 "비난받을" 수는 있다. 목사가 "하나님의 말씀처럼 말하여" "바른 성경에 있는 것들을 말할" 때, 그는 진리를 말하는 것이다. 진리를 말하는 그를 아무도 틀렸다고 판단해서는 안 되는데(고전 2:13-16), 진리를 대적하는 자들은 목사가 말한 "진리"를 그들의 가치관을 기준으로 비난하면서 정죄하려 들 것이다. 그러한 고난은 그리스도인에게 합당한 것이다. 오히려 그것이 그 대적하는 자들로 부끄러움을 당하게 하는(8절) 계기가 될 것이다. 『**그러나 너희가 의를 위하여 고난을 당한다면 복 있는 자들이니 그들의 위협에 두려워하지 말고 동요되지 말라. 그러나 너희 마음속에서 주 하나님을 거룩하게 여기며 너희 안에 있는 소망에 관한 이유를 묻는 모든 사람에게 답변할 것을 온유와 두려움으로 항상 예비하고 선한 양심을 가지라. 이는 그들이 행악자들에게 하는 것처럼 너희를 비방하다가도, 그리스도 안에 있는 너희의 선행을 거짓되이 비난하는 것을 부끄러워하게 하려 함이니라. 하나님의 뜻이 그러하다면 악을 행하다가 고난을 당하느니 선을 행하다가 당하는 것이 나으니라. 그리스도께서도 죄들로 인하여 한 번 고난을 받으사 의인으로서 불의한 자를 대신하셨으니, 이는 육신으로는 죽임을 당하셨으나 성령에 의하여 살림을 받으심으로 우리를 하나님께로 인도하려 하심이라**』(벧전 3:14-18).

성도가 진리로 인해 고난을 당하는 것은 누군가를 하나님께로 인도할 수 있는 기회가 될 뿐만 아니라, 그러한 고난을 통해 하나님께 영광을 돌려드릴 수도 있다. 『**그러자 그들이 가말리엘에게 설득되어 사도들을 불러서 때리고 예수의 이름으로 말하지 못하도록 명령한 후에 놓아주니라. 사도들은 그분의 이름을 위해 모욕을 받기에 합당한 자로 여겨짐을 기뻐하며 공회 앞을 떠나니라. 그들이 성전에서나 각 집안에서 날마다 예수 그리스도를 가르치고 전파하는 것을 쉬지 않더라**』(행 5:40-42). 『**사랑하는 자들아, 너희를 연단시키려는 불 같은 시련에 관하여 너희에게 어떤 이상한 일이 일어나는 것처럼 이상하게 여기지 말고 도리어 너희가 그리스도의 고난에 참여하는 자들이 되는 것이니 즐거워하라. 이는 그의 영광이 나타나실 때에 너희도 큰 기쁨으로 즐거워하게 하려**

함이니라. 너희가 그리스도의 이름을 위하여 욕을 당하면 복이 있느니라. 이는 영광의 영 곧 하나님의 영께서 너희 위에서 안식하고 계시기 때문이니라. 그들의 편에서는 그분께서 비방을 당하시나, 너희의 편에서는 영광을 받으시느니라. 너희 중에 누구도 살인자나 도둑이나 행악자나 다른 사람들의 일에 간섭하는 자처럼 고난을 당하지 않게 하라. 그러나 만일 너희가 그리스도인으로서 고난을 당하면 부끄러워하지 말고 오히려 그 일로 인하여 하나님께 영광을 돌리라』(벧전 4:12-16). 정중한 말과 그럴듯한 언변(롬 16:18)으로 사람들을 속이기보다는 진리를 말함으로써 좋든 싫든 사람들의 반응을 이끌어내는 것이 옳은 일이며, 그렇게 해서 하나님께 영광을 돌려드리는 것이 성도의 복이다.

『종들에게는 권하되 자기 주인에게 복종하고 매사에 그들을 기쁘게 하며, 거슬러 말하지 말고 착복하지 말며, 온전히 선한 충성을 보이게 하라. 이는 그들이 매사에 우리 구주 하나님의 교리를 돋보이게 하려 함이니라』(9,10절).

"그리스도인"인 종의 신실함은 "구주 하나님의 교리를 돋보이게" 한다. 그를 구원한(『**구주**』) "복음"을 돋보이게 할 뿐만 아니라, 예수 그리스도 안에 있는 『**하나님**』의 모든 계시들을 돋보이게 한다. 종이 온전히 선한 충성으로 주인에게 복종할수록 그가 믿는 교리가 더욱 드높여지고 모독을 당하지 않는 것이다. 하나님께서는 거룩하시고 그분의 아들은 의로우시다는 성경의 교리가 주인에게 순종하는 정직하고 신실한 종의 생애를 통해서 더 잘 드러날 수 있다. 모든 그리스도인이 이러한 종의 자세로 고난 가운데서도 최선의 믿음을 보일 때 그가 믿고 전파하는 복음과 바른 교리가 드높여질 수 있다. 바로 이것이 우리의 구주이신 예수 그리스도의 발자취를 따르는 길이다. 『**종들아, 모든 두려움으로 너희 주인들에게 복종하되 선하고 온화한 자들에게뿐만 아니라 까다로운 자들**

에게도 그렇게 하라. 이는 누가 억울하게 고난을 받더라도 하나님을 의식하여 슬픔을 참으면 그것은 감사할 일이기 때문이라. 너희의 잘못들로 인해, 매를 맞고 참으면 무슨 영광이 있겠느냐? 그러나 선을 행하다가 고난을 받고 참으면 그것은 하나님께서 기뻐하실 만한 것이 되느니라. 이를 위하여 너희가 부르심을 받았으니, 그리스도도 우리를 위하여 고난을 받으시고, 우리에게 한 본을 남겨 놓으시어, 너희로 그의 발자취를 따르게 하셨느니라』(벧전 2:18-21).

■ 새롭게 깨달았거나 적용할 내용이 있다면 적어 보세요. ■

제2과
복습문제

1. 그리스도인의 (　　　　　　)는 그리스도인의 "삶의 모든 영역"을 다룬다.

2. 나이 많은 여자들이 추구해야 할 진정한 아름다움은 (　　　　　　　)이다.

3. 자신의 집안을 "책임지고" 운영하는 여자의 모범적인 예는 잠언 31:10-31의 (　　　　　　　　　　　)이다.

4. 성경은 하나님의 말씀이 모독받는 세 가지 경우를 제시하고 계신다. 그것은 (　　　　　　)이 자기가 실행하지도 않는 말씀(율법)을 가르치고 선포할 때(롬 2:24), 그리스도인인 종이 자기 (　　　　　　)에게 순종하지 않을 때(딤전 6:1-4), 그리스도인 여인이 (　　　　　　)에게 순종하지 않고 다툴 때(딛 2:5)이다.

5. 하나님께서는 목사들에게 (　　　　　　　　　　)를 붙들고서 가르칠 것을 명령하신다.

■ 새롭게 깨달았거나 적용할 내용이 있다면 적어 보세요. ■

NOTES

제3과
재림을 소망하는 독특한 백성(2:11-15)

『그 복된 소망, 곧 위대한 하나님이신 우리 구주 예수 그리스도의 영광스러운 나타나심을 기다리게 하셨음이니, 그가 우리를 위하여 자신을 주신 것은 우리를 모든 죄악에서 구속하시고 자신을 위해 정결케 하사 선한 일에 열심을 내는 독특한 백성이 되게 하려 하심이라』(딛 2:13,14).

전천년 신앙과 도덕적 성별

사람들은 대개 교리적 성별과 도덕적 성별을 완전히 별개의 사안인 것처럼 인식한다. 그러나 디도서 2:11-15의 성경 본문은 이를 정면으로 부정한다. 예수 그리스도의 나타나심을 기다리는 성도야말로 도덕적 성별을 이루고 선한 일에 열심을 내기 마련이기 때문이다. 사도들의 시대가 끝난 직후였던 2세기에 등장한 성별주의 그룹, "몬타니스트"가 그 대표적 예시이다. 몬타니스트는 흔히 당대 교회들에 밀려들고 있던 세속화의 물결에 반발하여 성별하였던 그룹이라고 평가받는데, 흥미롭게도 이들의 가장 두드러지는 특징은 그리스도의 재림의 임박성을 강조했다는 것이었다. 그럴 수밖에 없었던 것은 당시 교회들이 거룩함을 잃어버렸던 데에는 무천년주의의 영향이 지대했기 때문이었다. 당시 왕성하게 활동했던 알렉산드리아 학파로부터 발원한 무천년주의의 누룩을 수용한 교회들에서는 천년왕국에서의 유업과 그리스도의 심판석의 임박성 등에 관한 교리적 개념이 희미해지고 있었다. 이는 자연스레 투지의 상실과 방종으로 이어질 수밖에는 없었고, 그런 꼴을 가만히 앉아 지켜볼 수 없었던 성경대로 믿는 성도들은 그런 교회들로부터 분리하여 몬타니스트가 되었던 것이었다.

온갖 교리적 누룩에 취해 있는 세상의 제도권 교회들은 "하나님을 잘 섬기기만 한다면 교리가 좀 다르다는 게 무엇이 그리 중요하겠느냐?"는 식의 입장을 취하곤 하지만, 이는 성경적, 역사적 무지의 발로일 뿐이다.

모든 사람에게 나타나서 우리를 가르치시는 은혜

『이는 구원을 주시는 하나님의 은혜가 모든 사람에게 나타나서, 우리를 가르치시되, 불경건과 세상 정욕들을 거부하고, 우리로 신중하며, 의롭고 경건하게 이 현 세상을 살아가게 하시며』(11,12절).

주 예수 그리스도께서는 모든 사람을 위하여 죽으셨고(고후 5:15), 모든 사람들의 구주이시며(딤전 4:10), 모든 자들을 구원으로 초청하시는 분이시고(사 45:22), 그 초청을 받아들여 그분을 부르는 모든 사람에게 부요하신 분이시다(롬 10:12). 본문의 말씀처럼, 예수 그리스도를 통해 나타나는 하나님의 은혜는(요 1:17, 롬 5:15) 복음을 접하는 모든 사람에게 나타난다. 그 은혜를 받아들일지 말지의 여부는 개개인의 선택에 달려있지만 말이다.

그런데 이처럼 자명한 진리를 거부하는 자들이 있다. 바로 장로교의 시조인 존 칼빈을 추종하는 사람들이다. 그들은 "창세전에 선택된" 사람들에게만 "저항할 수 없는 은혜"가 임한다고 믿는다. 예수 그리스도의 피의 속죄가 "모든 사람"을 위한 것이 아니라 "제한된 일부"에게만 해당된다는 것이다! 그런 자들은 본문과 같은 구절에서 "모든 사람"에 대해 말씀하실 때면 그 앞에 "창세전에 택함 받은"이라는 말을 슬며시 끼워 넣어 해석하지만 문맥 어디를 보아도 그렇게 해석할 근거는 찾을 수가 없다.

오히려 "이는"이라는 접속사로 시작하고 있는 본문의 문맥을 살펴보면 하나님께서 말씀하시고자 하는 바가 칼빈주의자들의 주장과는 양립할 수 없는 진리라는 사실을 쉽게 알 수 있다. 사도 바울은 앞선 문맥에서 대적하는 자들에게 책잡힐 일을 만들지 말고, 모든 사람들에게 권위에 순종하는 그리스도인으로서의 자세를 보여야 한다고 서술한 뒤에 본문을 기록했다. 그 까닭은 무엇인가? 하나님의 교리를 돋보이게 하기 위함이요, 나아가 그들과는 확연히 구별되는 행실을 견지함으로써 언젠가 그들이 구원받을 기회를 갖도록 하기 위함이 아닌가?(벧전 2:12) 그러므로 이어지는 문맥은 "대적하는 자들"을 포함한 문자 그대로의 "모든 사람"에게 적용된다고 보는 게 훨씬 자연스럽다.

즉 우리가 복음을 전파하고 그리스도를 시인함에 따라 하나님의 은혜가 "모든 사람"에게 나타나고 있기에, 그들의 구원을 위해서라도 우리는 이 현 세상에서 그들과 같은 방탕에 휩쓸리지 말고 불경건과 세상 정욕들을 거부하고, 신중하며, 의롭고 경건하게 살아야 한다는 게 하나님께서 본문을 통해 말씀하시고자 하는 바이다. 은혜는 그들을 포함한 "모든 사람"에게 나타났지만 그분의 은혜를 통해 가르침을 받는 것은 "우리", 즉 구원받은 성도들뿐이기에 본문은 그와 같은 책무를 "모든 사람"이 아닌 "우리"에게만 부과하고 있는 것이다.

성경은 이러한 은혜를 받아들여 구원받기는 했으되 그에 합당한 성별의 책무를 다하지 않고 세상 사람들과 별 차이 없이 살아가는 그리스도인들에게 "하나님의 은혜를 헛되이 받지 말라."고 권면하신다(고후 6:1). 그들은 잊고 살지 모르겠지만, 하나님의 아들들이면서도 벨리알의 아들들처럼(재미있게도 "벨리알"은 "헛된"이라는 뜻이다) 사는 그런 "후레자식들"은 반드시 회초리를 얻어맞게끔 되어 있다(히 12:5,6).

■ 새롭게 깨달았거나 적용할 내용이 있다면 적어 보세요. ■

우리가 기다리는 영광스러운 나타나심

『그 복된 소망, 곧 위대한 하나님이신 우리 구주 예수 그리스도의 영광스러운 나타나심을 기다리게 하셨음이니』(13절).

예수 그리스도의 신성과 그분의 재림이라는 주제는 그리스도인의 신앙에 있어 핵심적인 주제이기에, 사탄은 이러한 진리를 가리고자 혈안이 되어 있다. 본문은 두 주제 모두를 담고 있기에 사탄의 종들이 가만히 놔두질 않는다.

RV, ASV, ESV 등의 영어 성경들과 개역한글판, 개역개정판, 표준새번역, 새번역 등의 한글 성경들은 모두 이 구절에서 우리가 주님께서 "영광스럽게 나타나시는 것"을 기다리는 것이 아니라, 주님의 "영광이 나타나는 것"을 기다린다고 말한다. 만일 이렇게 기록된 성경을 있는 그대로 믿을 수 있는 사람이 있다면, 그는 구원받지 못한 사람일 것이다. 구원받은 사람들에게는 이미 예수 그리스도의 얼굴에 있는 하나님의 영광을 아는 빛이 비치었기 때문이다(고후 4:6). 심지어 우리는 현재 그 영광의 광채이신 분(히 1:3)을 소유하기까지 했는데(고후 13:5), 도대체 왜 그것을 기다린다는 말인가? 우리가 기다리는 것은 우리 구주 예수 그리스도의 나타나심이지 그분의 영광이 아니다.

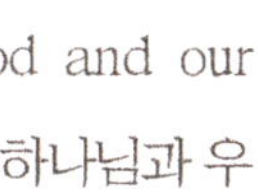

어떤 사람들은 〈킹제임스성경〉이 본문에서 그리스도의 신성을 격하하고 있다고 딴지를 건다. "위대한 하나님이신 우리 구주 예수 그리스도"라는 말씀이 〈킹제임스성경〉에는 "the great God and our Saviour Jesus Christ"라는 표현으로 되어 있어 자칫 "위대하신 하나님과 우리 구주 예수 그리스도"처럼 보일 수 있기 때문이다. 그들은 〈킹제임스성경〉

이 하나님을 예수님과 마치 다른 분인 것처럼 언급하고 있으므로 본문을 수정해야 한다고 주장한다. 그러나 그 눈뜬장님들은 에베소서 5:5의 "그리스도와 하나님의 왕국"(the kingdom of Christ and of God)이라는 표현이나 야고보서 1:27의 "하나님 곧 아버지"(God and the Father)라는 표현은 또 그냥 넘어간다. "다수필사본"으로 〈킹제임스성경〉을 고치겠답시고 나서는 학자들은 이다지도 위선적인 것이다.

본문은 예수님께서 하나님이 아니시라고 말씀하시는 게 아니라, 고금을 막론하고 영어에서 흔히 볼 수 있는 "중언법"(hendiadys)이라는 수사법을 사용하여 말씀하시는 것뿐이다. 중언법이 쓰이면 이 경우처럼 서로 같은 의미를 갖는 말이 중첩되어 그 의미가 강조되기도 한다. 앞서 제시한 에베소서 5:5에서 그리스도의 왕국과 하나님의 왕국이 서로 다르지 않음에도, 또 야고보서 1:27에서 하나님과 아버지의 왕국이 서로 다르지 않음에도 각각 언급되어 있는 까닭이 바로 이것이다. 그러니까 디도서 2:13의 본문은 위대하신 하나님이 나타나시고 그것과는 별개로 우리 구주 예수 그리스도께서 나타나실 것을 말씀하시는 것이 아니다. 오히려 예수님께서 나타나실 것인데, 그분이 곧 하나님이심을 강조해서 말씀하고 계신 것이다.

배교한 무리들이 어떤 식으로 이 말씀을 공격하든지 관계없이, 우리는 위대한 하나님이신 예수님께서 하늘로부터 친히 내려오실 것이라는 복된 소망을 품고 살아간다(살전 4:16). 그 소망을 부끄러워하지 않고(롬 5:5) 드러내기에, 믿지 않는 세상 사람들조차 "저 사람들은 예수님이 다시 오실 거라고 하던데?"라고 수군거릴 지경이다(살전 1:9,10). 우리가 그분의 나타나심을 통해 갖고 있는 소망은 우리가 죽어도 다시 살아난다는 것이며, 또 어쩌면 (아마도 높은 확률로!) 죽음을 맛보지 않고 하늘나라로 들어갈지 모른다는 것이며, 그 일을 통해 "다가올 진노"인 대환란으로부터 피하게 되리라는 것이다(살전 5:9). 그래서 우리는 세상이 악으로 치닫는 것을 보면서도 두려울 게 없다. 이 얼마나 복된 소망인가!

선한 일에 열심을 내는 독특한 백성

『그가 우리를 위하여 자신을 주신 것은 우리를 모든 죄악에서 구속하시고 자신을 위해 정결케 하사 선한 일에 열심을 내는 독특한 백성이 되게 하려 하심이라』(14절).

구속(redemption)이란 어떤 사람이 가난하게 되어 자신의 소유나 자기 자신을 팔았을 때, 판 사람 스스로나 그의 친족이 값을 치르고 팔린 대상을 되사오는 것을 말한다(레 25장 참조). 주 예수님께서도 이와 같은 일을 해주셨는데, 죄 아래 팔렸던 우리(롬 7:14)를 자신을 몸값으로 지불하심으로써 사주셨던 것이다. 이 일을 위해서는 예수님께서 우리의 "친족"이 되셔야 했다. 그래서 그분께서는 천사들의 본성이 아니라 우리들과 같은 피와 살의 모양을 가진 인간의 몸을 입고 이 땅에 내려오셨다(히 2:14-16). 주 예수님께서는 우리 죄인들을 영원한 불못으로부터 건져내시기 위해서 하나님이시면서도 갈증, 허기, 피로, 고통 등을 느껴야만 하는 인간의 모습으로 낮아지셨던 것이다.

그러나 우리 구주 예수 그리스도께서 흘리신 보혈에는 죄인들의 심판을 면제해주는 것 이상의 능력이 있다. 창조주 하나님이신 그분께서 흘리신 보혈의 능력은 고작 그 정도가 아니다. 그 피는 우리 양심을 정결하게 하며(히 9:14), 그 양심은 우리로 하여금 선한 일에 열심을 내게 한다. 여기에서 말씀하시는 선한 일이란 구원받지 못한 죄인들의 죽은 양심으로도 행할 수 있는 종류의

"선한 일"이 아니라, 하나님께서 보시기에 진정으로 "선한 일"임이 분명하다. 어디에서나 예의바르게 행동하고 법규를 준수하는 "교양인"을 만들기 위해서라면 주 예수님의 죽음이라는 엄청난 대가가 필요하지 않았을 터이기 때문이다. 그러나 어디에서든 복음을 전파하고, 하나님의 말씀에 순종하는 "그리스도인"을 만들기 위해서는 반드시 주님께서 죽으셔야만 했다. 그것은 다른 수단으로는 영 불가능한 것이며, 믿음으로 그분의 죽으심과 부활하심에 참여한 사람들에게만 가능한 일이기 때문이다(엡 2:1-10).

온 세상은 악함 속에 놓여 있기에(요일 5:19) 그와는 대조적으로 선한 일에 열심을 내는 이런 사람들은 독특해질 수밖에는 없다. 〈킹제임스성경〉은 이 대목에서 "peculiar"라는 어휘를 사용하는데, 이는 두드러진, 기묘한, 괴상한, 별난 등의 뜻도 함께 갖고 있는 다소 부정적 뉘앙스의 단어이다. 아닌 게 아니라 "모난 돌이 정 맞는다."는 속담처럼, 세상은 그리스도인들을 어딘가 거북하게 여기고 박해하기 마련이다(딤후 3:12). 그럴 때면 좀 덜 독특해지고 싶은, 그러니까 세상 사람들과 비슷하게 되고 싶은 욕망이 마음속에 꿈틀댈지 모른다(삼상 8:5,20 참조). 그러나 우리는 바로 그 목적을 위해 우리 구주 예수님께서 죽으신 것이라는 사실과, 세상의 손가락질이란 부끄럽게 여길 일이 아니라 오히려 그리스도의 군사에게 주어지는 훈장과도 같은 것이라는 사실을 마음에 새겨야 한다(벧전 4:16).

사도 바울은 디도에게 임무를 상기시키면서 디도서 2장을 마무리한다. 『**이런 것들을 말하고 권면하며 모든 권위를 가지고 책망하여 아무도 너를 업신여기지 못하게 하라**』(15절). 디도에게는 건전한 교리를 통해 교회 내의 질서를 바로잡고 거짓 교리를 전파하는 자들의 입을 막을 책임이 있었다. 그 일에는 목자로서의 "권위"

가 필요한데, 그 권위는 다시 바른 교리와 연결된다. 지역 교회를 담임하는 목자의 권위는 나이나 경험 따위가 아니라 바른 교리로부터 나오기 때문이다(딤전 4:12-16). 교리와 권위라는 주제는 이처럼 사역에 있어 상호보완적인 순환의 고리를 형성한다. 권위가 없는 교리는 무의미하며 교리 없는 권위는 맹목적이다. 어떻게든 사람을 끌어 모으려고 마땅한 권위조차 행사하지 않으면서 "사랑 타령"만 하기 바쁜 근본주의자들이나, 제대로 된 성경적 지식은 없으면서도 목에 힘만 빳빳하게 들어가 있는 교단 교회 목사들이 제대로 된 사역을 일구어 낼 수 없는 까닭이 바로 여기에 있다. 그런 자들은 업신여김을 당해도 싸다.

■ 새롭게 깨달았거나 적용할 내용이 있다면 적어 보세요. ■

제3과
복습문제

1. 교리적인 성별은 도덕적인 성별과 전혀 관계가 없다. (O , X)

2. 구원을 주시는 하나님의 은혜는 창세전에 택함을 받은 특별한 사람들에게만 나타날 수 있다. (O , X)

3. 『그 복된 소망, 곧 위대한 하나님이신 우리 구주 예수 그리스도의 영광스러운 (   )을 기다리게 하셨음이니』(딛 2:13)

4. 디도서 2:13은 우리 구주 예수 그리스도의 아들 되심을 강조하기 위해 하나님과 예수 그리스도를 서로 분리하여 서술하고 있다. (O , X)

5. 우리가 열심을 내야 한다고 말씀하시는 "선한 일"(딛 2:14)이란 세상 사람들이 선하다고 인정하는 봉사 활동이나 도덕적인 생활을 뜻하는 것이다. (O , X)

6. 그리스도인의 "독특함"은 세상 사람들에게는 때로 괴팍하게까지 비쳐질 수 있다. (O , X)

■ 새롭게 깨달았거나 적용할 내용이 있다면 적어 보세요. ■

NOTES

NOTES

제4과

상속자가 될 성도의 과거와 현재(3:1-7)

『이는 우리가 그의 은혜로 인하여 의롭게 되어 영원한 생명의 소망을 따라 상속자들이 되게 하려 하심이라』(딛 3:7).

구원 이전의 자연인과 구원 이후의 그리스도인

구원받지 못하고 세상 풍조에 따라 이리저리 휩쓸리며 살던 자연인은 그가 아무리 나름대로 훌륭한 삶을 살기 위해 노력했다 해도 더러운 걸레와 같았다. 『**그러나 우리는 다 불결한 것 같고, 우리의 모든 의는 더러운 걸레 같으며, 또 우리는 다 잎사귀처럼 시들며 우리의 죄악들은 바람처럼 우리를 옮겨갔나이다**』(사 64:6). 누군가 이 사실을 부정하고 싶다 해도 인간은 하나님께서 성경에 기록해 놓으신 인간에 대한 평가를 변경시킬 수 없다. 그리고 자연인의 운명은 지옥으로 예정되어 있고, 스스로의 능력으로는 죄의 문제를 해결할 수 없으므로 자신을 지옥으로부터 구원할 수 없다.

그러나 구원의 복음을 들은 사람이 자신이 죄인인 것을 인정하고 예수 그리스도께서 자신의 죄를 대신해서 십자가에 못박혀 죽으시고 부활하신 것을 믿으면, 죄의 문제를 해결받고 지옥의 형벌로부터 영원히 구원받을 뿐만 아니라, 영원한 생명을 얻고 상속자가 되어 상속자로서의 모든 혜택을 누리게 된다. 이것이 바로 자기 의를 버리고 하나님의 의를 받아들인 사람들이 누리는 영원한 복이다.

■ 새롭게 깨달았거나 적용할 내용이 있다면 적어 보세요. ■

그리스도인의 바른 생활 자세

『그들을 일깨워 정사나 권세 있는 자들에게 복종하고 행정관들에게 순종하며, 모든 선한 일에 예비되고, 아무도 비방하지 말며, 말다툼하지 말고, 유순하여 모든 사람들에게 온전한 온유함을 보이게 하라』(1,2절).

세상 권세자에 대한 복종에 관해서는 성경의 다른 곳에서도 강조되고 있다(롬 13:1-6, 벧전 2:13-15). 모든 권세는 하나님께서 정하신 것이고, 권세자에게 거역하는 것은 하나님의 율례를 거역하는 것으로서 저주를 받게 된다고 말씀하신다. 그리스도인으로서 세상 권세자에게 복종하는 것이 하나님의 율례임을 명심해야 한다.

권세자에 대한 복종과 아울러 유념할 점은 권세자에 대한 복종에 "선행"에 관한 말씀이 함께한다는 것이다. 그리고 그것이 『**하나님의 뜻**』이고 『**어리석은 자들의 무지를 잠잠케 하려는 것**』이 목적이라고 말씀하신다. 복음과 진리를 거절하는 어리석은 세상 사람들은 항상 그리스도인들을 비난할 구실을 찾는다. 그러므로 우리는 그들에게 선행과 함께 온전한 온유함을 보임으로써 복음과 진리가 비난받을 만한 구실을 만들어서는 안 된다.

모든 권세는 하나님께서 정하신 것이라

『각 사람은 위에 있는 권세자들에게 복종하라. 하나님께로부터 나오지 않은 권세는 없나니, 모든 권세는 하나님께서 정하신 것이라. 그러므로 누구든지 권세자에게 거역하는 자는 하나님의 율례를 거역

함이니 거역하는 그들은 스스로 저주를 받게 되리라. 이는 다스리는 자들은 선행에 대해서는 두려움이 되지 아니하고 악행에 대해서만 됨이니 네가 권세자를 두려워하지 아니하기를 원하느냐? 선을 행하라. 그러면 그에게서 칭찬을 받으리라. 그는 너에게 선을 이루기 위한 하나님의 일꾼이라. 그러나 네가 악을 행하면 두려워하라. 이는 그가 헛되이 칼을 가지고 다니지 아니하기 때문이라. 그는 하나님의 일꾼이요, 악을 행하는 자에게 진노를 행하는 보응자니라. 그러므로 너희가 반드시 복종해야 하나니 진노 때문만이 아니라 양심 때문이기도 하니라. 이러한 연유로 너희가 세금도 내는 것이니 이는 그들이 하나님의 일꾼들로서 바로 이 일에 전념하게 하려 함이니라』(롬 13:1-6). 『주를 위하여 인간의 모든 법령에 복종하되, 권세 있는 왕에게나 혹은 악을 행하는 자들을 벌하고, 선을 행하는 자들을 칭찬하라고 그가 보낸 관리들에게 하라. 이는 하나님의 뜻이 그러함이니, 너희가 선을 행함으로 어리석은 사람들의 무지를 잠잠케 하려는 것이니라』(벧전 2:13-15).

본문 1절에 있는 『**정사나 권세 있는 자들**』은 에베소서 6:12에 있는 『**정사들과 권세들**』이 아니다. 본문에 있는 정사와 권세 있는 자들에게는 복종하라고 명령하시지만, "높은 곳들"에 있는 정사들과 권세들에 대해서는 기도로 싸우고 저항하라고 말씀하신다. 『**너희는 마귀의 술책에 대항하여 설 수 있도록 하나님의 전신갑옷을 입으라. 이는 우리의 싸움이 혈과 육에 대항하는 것이 아니라 정사들과 권세들과 이 세상 어두움의 주관자들과 높은 곳들에 있는 영적 악에 대항하는 것이기 때문이니라. 그러므로 너희는 하나님의 전신갑옷을 입으라. 이는 너희가 악한 날에 저항할 수 있으며 또 모든 일을 다 이루기까지 서 있게 하기 위함이니라.**』(엡 6:11-13). 우리는 그리스도의 군사(딤후 2:3)로서 악한 날에 저항하고 모든 일을 다 이루기까지 하나님의 전신갑옷을 입고 싸워야 한다.

구원받지 못한 자연인의 상태

『우리도 한때는 어리석고 복종치 아니하며, 미혹당하고, 여러 가지 욕심과 쾌락에 종 노릇 하며, 악과 시기 속에서 살고, 가증스러우며, 서로 증오하는 자였으나』(3절).

구원받지 못한 자연인이었을 때, 우리의 모습은 한 마디로 "구제불능"의 죄인이었다. 우리는 옳은 것과 옳지 못한 것을 구분하지 못하여 세상 지식은 존중하면서도 복음과 진리는 무시하는 어리석은 자들이었다. 그래서 구원의 복음과 성경의 진리에 복종치 아니하였을 뿐만 아니라, 자신의 이익을 위해서는 세상의 규범도 쉽게 어기며 복종치 아니하였다. 그것은 우리가 세상 철학과 과학 등에 미혹되어 뉴에이지 사상을 받아들이고 진화론을 신봉하며 살았기 때문이다. 그러면서 세상 풍조에 따라 많은 것에 세상적인 욕심을 부리고 쾌락을 따르며 그것을 성취하고 얻는 것에 몰입했는데, 이것은 그것을 우리가 소유한 것처럼 착각했을 뿐, 사실은 그것들에 중독되어 그것들의 종 노릇을 하며 살았던 것이다. 그리고 그러한 것들을 얻기 위해 악을 행하기를 서슴치 않았으며, 먼저 성취한 사람들을 시기하며, 성취를 위해 부당한 방법을 사용하는 등 가증스러운 일을 행하면서도 서로 경쟁하면서 상대를 깎아 내리고 증오하는 것을 오히려 정당한 것처럼 생각하며 살았다.

로마서 1:29-32에서도 자연인의 상태가 어떠한지 잘 알려 주신다. **『그들은 모든 불의, 음행, 사악, 탐욕, 악의로 가득 찼으며, 시기, 살인, 분쟁, 사기, 악독이 가득하며, 수군거리는 자들이요, 비방하는 자들이요, 하나님을 미워하는 자들이요, 모욕을 주며, 교만하며, 자기 자랑만 하며, 악한 일들을 꾀하는 자들이요, 부모를 거역하며, 몰지각하며, 약속을 저버리며, 무정하며, 화해하지 아니하**

며, 무자비한 자들이라. 그들은 이 같은 일을 행하는 자들이 마땅히 죽음에 처해져야 한다는 하나님의 심판을 알면서도 이 같은 일을 행할 뿐만 아니라 이런 일을 행하는 자들을 좋게 여기느니라.』

인간을 향한 하나님의 사랑

『그후 인간을 향한 우리 구주 하나님의 인자하심과 사랑이 나타나서, 우리가 행한 의로운 행위에 의하지 않고 그의 자비하심에 따라 중생의 씻음과 성령의 새롭게 하심으로 우리를 구원하셨으니 이 성령을 예수 그리스도 우리 구주를 통하여 우리에게 풍성히 부어 주셨느니라』(4-6절).

1. 인간에게 먼저 손을 내밀어 주신 하나님

자연인은 스스로의 노력을 통해서 스스로를 구원할 수 없다. 그저 자신의 본성대로 살다가 죽어 지옥에 갈 뿐이다. 그러나 하나님께서 구원의 길을 제시하셔서 이를 받아들이는 사람이면 누구나 구원받을 수 있게 해 주셨다. 이것이 바로 『**하나님의 인자하심과 사랑**』을 보여 주는 것이다.

2. 행위에 의하지 않는 구원

하나님께서 제시하신 방법은 인간의 행위에 근거하지 않는다. 『**우리가 행한 의로운 행위에 의하지 않고 그의 자비하심에 따라**』 구원하신다. 만약 인간이 행한 어떤 『**의로운 행위**』가 그를 구원하는 데 조금이라도 보탬이 된다면 인간의 의로운 행위가 구원의 요건이 되겠지만, 하나님께서는 『**그의 자비하심에 따라**』 오직 믿음으로 구원받게 하셨다. 『**너희가 믿음으로 말미암아 은혜로 구원을 받았으니 이것은 너희에게서 난 것이 아니요, 하나님의 선물이라. 행위에서 난 것이 아니니 아무도 자랑하지 못하게 하려 하심이라**』(엡 2:8,9). 『**그러므로 자랑할 데가 어디 있느냐? 있을 수 없느니라. 무슨 법으로냐? 행위의 법으로냐? 아니라. 오직 믿음의 법에 의해서니라**』(롬 3:27).

3. 중생의 씻음과 성령의 새롭게 하심

『**중생**』(重生, regeneration)은 다시 태어나는 것(born again), 즉 "<u>거듭남</u>"을 의미한다. 죄인이 예수 그리스도를 믿어 죽었던 영이 다시 살아나는 것이다. 그리고 『**중생의 씻음**』은 사람이 예수 그리스도를 영접할 때 거듭남이라는 과정을 통해 그 죄인이 씻긴다는 것이다. 이것은 성령께서 행하시는 것이며, 이 『**중생의 씻음**』은 "<u>성령께서 그 사람의 육신으로부터 그의 혼을 분리시키는 영적 할례</u>"를 의미한다. 『**너희 가운데도 이런 일**[불의]**을 행하였던 자들이 더러 있었으나 너희가 주 예수의 이름과 우리 하나님의 영으로 씻음을 받았고 거룩하게 되었으며 의롭게 되었느니라**』(고전 6:11).

『**성령의 새롭게 하심**』은 영이 죽어 있는 상태로 육신 안에 거하고 있는 옛 성품의 아담이 새롭게 되는 것을 의미한다. 이 『**새롭게 하심**』은 거듭날 때뿐만 아니라, 우리 몸이 구속되어 새로운 몸을 입는 날까지 계속된다. 『**그를 창조하신 분의 형상을 따라 지식 안에서 새롭게 된 <u>새 사람을 입었으니</u>**』(골 3:10). 『**이전 행실에 관해서는 기만의 욕망에 따라 썩어진 <u>옛 사람을 벗어 버리고</u> 너희 생각의 영 안에서 새롭게 되어 하나님을 따라 의와 참된 거룩함 안에서 창조된 <u>새 사람을 입으라</u>**』(엡 4:22-24). 『**이런 까닭에 우리가 낙심하지 아니하노**

라. 오히려 우리의 겉 사람이 썩어질지라도 우리의 속 사람은 날마다 새로워지나니』(고후 4:16).

영원한 생명의 소망을 가진 상속자들

『이는 우리가 그의 은혜로 인하여 의롭게 되어 영원한 생명의 소망을 따라 상속자들이 되게 하려 하심이라』(7절).

1. 구원받은 성도에게 주어지는 영원한 생명

그리스도인들은 구원받을 때 지옥의 영원한 형벌로부터 영원히 구원받았을 뿐만 아니라, 영원한 생명도 약속받았다. 『**이는 죄의 삯은 사망이요, 하나님의 선물은 예수 그리스도 우리 주로 말미암은 영원한 생명이기 때문이라**』(롬 6:23). 『**그가 우리에게 약속하신 약속이 이것이니, 곧 영원한 생명이니라**』(요일 2:25).

2. 상속자

『자녀이면 또한 상속자들이니 하나님의 상속자들이요, 그리스도와 함께한 공동 상속자들이니 우리가 그와 함께 고난을 받은 것은 함께 영광도 받게 하려 함이니라』(롬 8:17).

『**자녀이면**』, 즉 그리스도인이면 『**상속자**』로서의 신분을 가지게 되는데, 상속자로서의 신분도 두 가지가 있다. 하나는 『**하나님의 상속자들**』이라는 신분이고, 다른 하나는 『**그리스도와 함께한 공동 상속자들**』의 신분이다.

『**하나님의 상속자들**』은 "**하나님의 아들들**"이기 때문에 자동으로 받는 상속자로서의 신분이며, "**구속받은 몸**"(롬 8:23)과 "**새 예루살렘**"(벧전 1:4, 갈 4:26)을 상속받는다. 『**그리스도와 함께한 공동 상속자들**』은 그리스도인이 고난을 받고 인내로 잘 견디면서 하나님을 신실하게 섬긴 것에 대해 보상으로 받는 상속자로서의 신분이며, 그리스도와 함께 고난을 받은 정도에 따라 "**천년왕국에서 통치할 땅과 성읍**"을 상속받는다(딤후 2:10-12, 눅 19:17, 골 3:24).

■ 새롭게 깨달았거나 적용할 내용이 있다면 적어 보세요. ■

제4과
복습문제

1. 『그러나 우리는 다 불결한 것 같고, 우리의 모든 (　　　　)는 더러운 걸레 같으며, 또 우리는 다 잎사귀처럼 시들며 우리의 (　　　　)들은 바람처럼 우리를 옮겨갔나이다』(사 64:6).

2. 『우리도 한때는 어리석고 복종치 아니하며, 미혹당하고, 여러 가지 욕심과 쾌락에 (　　　　) 하며, 악과 시기 속에서 살고, 가증스러우며, 서로 증오하는 자였으나』(딛 3:3).

3. 『우리가 행한 의로운 (　　　　)에 의하지 않고 그의 자비하심에 따라 (　　　　)의 씻음과 (　　　　)의 새롭게 하심으로 우리를 구원하셨으니』(딛 3:5).

4. 『이는 우리가 그의 은혜로 인하여 의롭게 되어 영원한 생명의 소망을 따라 (　　　　)들이 되게 하려 하심이라』(딛 3:7).

■ 새롭게 깨달았거나 적용할 내용이 있다면 적어 보세요. ■

NOTES

NOTES

제5과

선한 일들을 통해 열매를 맺으라(3:8-15)

『또한 우리에게 속한 사람들도 필요한 것들을 위해서 선한 일에 진력하는 법을 배우게 하라. 이는 그들로 열매 없는 자가 되지 않게 하려 함이라』(딛 3:14).

열매를 원하시는 하나님

예수 그리스도께서는 『**이와 같이 좋은 나무마다 좋은 열매를 맺고, 나쁜 나무는 나쁜 열매를 맺느니라... 그러므로 너희는 그들의 열매로 그들을 알게 되리라.**』(마 7:17,20)라고 말씀하심으로써, 우리들이 『**열매**』를 통해 사람들을 판단하도록 제시하셨다. 예수 그리스도께서 우리에게 좋은 나무를 판단하는 기준으로 『**열매**』를 제시하셨으므로, 『**그리스도의 심판석**』(고후 5:10)에서 우리가 좋은 나무였는지 판단하실 때에도 그 판단 기준은 역시 『**열매**』일 것임은 자명하다.

구원받기 이전의 우리들은 『**사망에 이르는 열매**』를 내던 자들이었다. 『**이는 우리가 육신 안에 있었을 때에는 죄들의 정욕이 율법을 통하여 우리의 지체 속에서 역사하여 사망에 이르는 열매를 맺었으나**』(롬 7:5). 그러나 이제는 『**성령의 열매**』(갈 5:22,23)와 『**의의 열매**』를 통해 하나님께 영광을 돌려드리고, 그리스도의 심판석에서 받게 될 면류관과 통치자로서의 상급을 위해 나아가야 할 것이다. 『**예수 그리스도를 통하여 얻는 의의 열매들로 가득 차서 하나님께 영광과 찬양이 되기를 바라노라**』(빌 1:11).

■ 새롭게 깨달았거나 적용할 내용이 있다면 적어 보세요. ■

강력하게 확인해야 할 『이런 것들』

> 『이 말씀은 신실하도다. 나는 네가 이런 것들에 관하여 강력하게 확인하기를 원하노니, 이는 하나님을 믿는 사람들이 선한 일들에 유념하여 진력하게 하려 함이라. 이런 것들은 선하며 사람들에게 유익하니라』(8절).

『이 말씀은 신실하도다.』라는 말씀의 **『이 말씀』**은 4-7절의 말씀을 말한다. **『하나님의 인자하심과 사랑이 나타나서... 그의 자비하심에 따라... 우리를 구원하셨으니... 그의 은혜로... 영원한 생명의 소망을 따라 상속자들이 되게 하려 하심이라.』**라는 말씀이 믿고 신뢰할 만하다는 것이다.

『이런 것들』은 1-7절의 말씀을 말한다. 즉 "**정사나 권세 있는 자들에게 복종,**" "**모든 선한 일에 예비,**" "**온전한 온유함,**" "**우리도 한때는 어리석고... 서로 증오하는 자였음,**" "**하나님의 인자하심과 사랑,**" "**그의 자비하심,**" "**구원,**" "**그의 은혜,**" "**영원한 생명의 소망,**" "**상속**"이다. 사도 바울은 젊은 사역자 디도에게 **『이러한 것들에 관하여 강력하게 확인하기』**를 원한다고 말한다. 그렇다. 하나님의 말씀을 맡은 사람들은 언제나, 어디서나, 누구에게나 **『이러한 것들에 관하여 강력하게 확인』**해야 한다. 그리고 그렇게 하기 위해서는 평소에 하나님의 말씀을 공부하여 적절한 설명과 답변을 할 수 있도록 성경 지식을 체계적으로 정리해 두어야 한다. **『너는 말씀을 전파하라. 때를 얻든지 못 얻든지 항상 대비하라. 모든 오래 참음과 교리로 견책하고 책망하며 권고하라』**(딤후 4:2). **『그러나 너희 마음속에서 주 하나님을 거룩하게 여기며 너희 안에 있는 소망에 관한 이유를 묻는 모든 사람에게 답변할 것을 온유와 두려움으로 항상 예비하고』**(벧전 3:15).

무익하고 헛된 것

『그러나 어리석은 논쟁들과 족보 이야기와 다툼과 율법에 대한 언쟁을 피하라. 그런 것은 무익하고 헛된 것이니라. 이단 종파에 속한 사람은 한두 번 훈계한 후에 거절하라. 네가 알거니와 그러한 자는 타락하고 죄를 지어 스스로 정죄받는 자니라』(9-11절).

하나님의 말씀과 관련된 지식들을 공부하여 적절한 설명과 답변을 할 수 있도록 체계적으로 정리해 두는 것은 매우 중요한 일이지만, “**어리석은 논쟁들**,” “**족보 이야기**,” “**율법에 대한 언쟁**,” “**이단 종파에 속한 사람과의 긴 대화**” 등은 피해야 한다. 어리석은 논쟁들에 속하는 것들 중에서 대표적인 것으로는 “**철학**”과 “**과학**”에 관련된 논쟁이다. **『아무도 너희를 철학과 헛된 속임수로 노략질하지 못하도록 주의하라. 그것들은 사람의 전통과 세상의 유치한 원리를 따른 것이며 그리스도를 따른 것이 아니니라**』(골 2:8). 『**오 디모데야, 네게 맡겨진 것을 지키고, 비속하고 허황된 말장난과 거짓되이 일컬어지는 과학의 반론을 피하라**』(딤전 6:20).

이단 종파에 속한 사람들을 거절해야 하는 이유

피터 럭크만 박사가 제시한 이단 거절 이유는 다음과 같다.

1. 이단 종파에 속한 사람들은 훈계를 받아들이지 않기 때문이다.
2. 이단 종파에 속한 사람들은 사람들의 믿음을 파괴시키기 때문이다.
3. 이단 종파에 속한 사람들은 이미 스스로 정죄받았기 때문이다.
4. 이단 종파에 속한 사람들의 죄악이 쉽게 전염되기 때문이다.

겨울을 대비하는 사도 바울

『내가 아데마나 두기고를 네게 보내면 니코폴리에 있는 내게 오도록 서두르라. 내가 거기서 겨울을 지내기로 작정하였느니라. 율법사 세나와 아폴로를 속히 보내고 그들에게 아무것도 궁핍함이 없게 하라』(12,13절).

모든 사람은 『**겨울**』, 즉 "**어려운 시기**"를 대비해야 한다. 누구에게나 겨울이 다가오기 때문이다. 겨울이 없는 열대 지방이라 해도 겨울만큼 혹독한 건기가 있다. 사도 바울도 사역 기간 동안 수십 번의 겨울을 맞이했고 그에 대한 대비를 해야 했다. 하나님의 일을 하는 사람들도 보통의 사람들이 겪는 모든 어려움들을 당연히 겪는다. **하나님의 일을 하는 사람들은 더욱 겨울에 대비해야 한다. 개인의 삶뿐만 아니라, 사역이 멈춰서는 안 되기 때문이다.** 사역자이기에 더욱 하나님께로부터 오는 지혜가 있어야 겨울을 잘 지낼 수 있다. 『**그때는 아마 내가 너희와 함께 머무르거나 아니면 겨울까지도 나리니 그후에 너희가 나의 가고자 하는 곳으로 나를 보내 주게 하려 함이니라**』(고전 16:6). 『**겨울이 되기 전에 오도록 힘쓰라**』(딤후 4:21).

사도 바울은 겨울을 지내는 맥락에서 『**그들**[율법사 세나와 아폴로]**에게 아무것도 궁핍함이 없게 하라.**』라고 디도에게 당부한다. 이것은 1차적으로는 "**사역자**"인 디도가 "**동역자**"인 세나와 아폴로의 생활에 관심을 가지도록 사도 바울이 명령하는 것이지만, 2차적으로는 이 성경을 읽는 모든 성도들이 "**사역자들**"에게 관심을 갖고, 특히 『**궁핍함**』이 없는지 살피도록 하나님께서 명령하시는 것이다. 『**말씀을 배우는 사람은 가르치는 사람과 더불어 모든 좋은 것들을 나눠 가져야 할 것이라**』(갈 6:6).

선한 일에 진력하는 법

『또한 우리에게 속한 사람들도 필요한 것들을 위해서 선한 일에 진력하는 법을 배우게 하라. 이는 그들로 열매 없는 자가 되지 않게 하려 함이라』(14절).

『**우리에게 속한 사람들**』은 디도가 사역하고 있는 크레테의 구원받은 사람들을 말한다. 사도 바울은 이 사람들이 디도와 사역을 위해 여행하는 『**율법사 세나와 아폴로**』의 『**필요한 것들**』을 도와야 된다고 말하고 있다. 바로 이것, 즉 "사역자들의 필요를 돕는 것"이 『**선한 일에 진력하는 법**』 중 하나의 방법으로 제시되고 있는 것이다.

목사 혼자서 다른 사역자들과 교회의 어려운 지체들에 대한 "돌봄과 부양"의 짐을 져서는 안 된다. 교회에 어떤 『**필요한 것들**』이 충족되어야 할 때, 교회 회중 모두가 거기에 동참하여 그 『**필요한 것들**』을 충족시켜야 한다. 그래야 『**열매**』를 맺을 수 있게 된다. "재정적으로 돕는 것"을 로마서 15:28, 빌립보서 4:17에서는 『**열매**』라고 부른다. 이 열매는 『**성령의 열매**』(갈 5:22) 가운데 하나이다. 성령의 열매 가운데 첫 번째 열매(『**사랑**』, 갈 5:22)가 나타나는 것이기 때문이다. 『**그러나 이제 내가 성도들을 섬기는 일로 예루살렘에 가노니 이는 마케도니아와 아카야 사람들이 예루살렘에 있는 가난한 성도들을 위하여 기쁨으로 얼마를 기부하였음이니라. 그들은 진실로 기뻐하였으며 또한 저들에게 빚진 자니 이는 이방인들이 저들의 영적인 것에 참여하였으면 그들의 의무는 또한 물질적인 것으로 그들을 섬기는 것임이라. 그러므로 내가 이 일을 마치고 이 열매를 그들에게 확증한 후에 너희를 거쳐 스페인으로 가리라**』(롬 15:25-28). 『**빌립보인들아, 너희도 알거니와 복음의 초기에 내가 마케도니아에서 나올 때**

에 나와 더불어 주고 받는 일에 참여한 교회가 너희밖에 없었느니라. 이는 데살로니가에 있을 때에도 너희가 한두 번 나의 쓸 것을 보내 주었음이라. 내가 선물을 구하고자 함이 아니라 너희의 회계에 풍성한 열매를 구하고자 함이니라』(빌 4:15-17).

사도 바울은 본문에서 『**선한 일들**』을 유지하라는 8절의 내용을 다시 한번 강조하고 있는 것이다. 『**이 말씀은 신실하도다. 나는 네가 이런 것들에 관하여 강력하게 확언하기를 원하노니, 이는 하나님을 믿는 사람들이 선한 일들에 유념하여 진력하게 하려 함이라. 이런 것들은 선하며 사람들에게 유익하니라**』.

필요한 선한 일들

피터 럭크만 박사가 제시한 필요한 선한 일들은 다음과 같다.

1. 사역자와 그의 가족을 지원하는 것은 필요한 일이고, 이것은 선한 일이다.
2. 가난한 형제들을 재정적으로 제때에 돕는 것은 필요한 일이고, 이것은 선한 일이다.
3. 현장에 나가 있는 선교사들을 지원하는 것은 필요한 일이고, 이것은 선한 일이다.
4. 어려울 때 큰 선물을 주는 것은 필요한 일이고, 이것은 선한 일이다.
5. 나이든 그리스도인들이나 장애인 그리스도인들을 돕기 위해 시간을 쓰는 것은 필요한 일이고, 이것은 선한 일이다.
6. 성도들 중 누군가에게 방이나 식탁이나 교통수단을 제공하는 것은 필요한 일이고, 이것은 선한 일이다.
7. 이러한 선한 일들을 유지하라.

제5과
복습문제

1. 『이 말씀은 신실하도다. 나는 네가 이런 것들에 관하여 강력하게 (　　　　　) 하기를 원하노니, 이는 하나님을 믿는 사람들이 선한 일들에 유념하여 진력하게 하려 함이라. 이런 것들은 선하며 사람들에게 유익하니라』(딛 3:8).

2. 『그러나 어리석은 논쟁들과 족보 이야기와 다툼과 율법에 대한 언쟁을 피하라. 그런 것은 (　　　　　)하고 헛된 것이니라』(딛 3:9).

3. 『이단 종파에 속한 사람은 한두 번 훈계한 후에 (　　　　　)하라』(딛 3:10).

4. 『율법사 세나와 아폴로를 속히 보내고 그들에게 아무것도 (　　　　　)함이 없게 하라』(딛 3:13).

5. 『또한 우리에게 속한 사람들도 필요한 것들을 위해서 선한 일에 진력하는 법을 배우게 하라. 이는 그들로 (　　　　　) 없는 자가 되지 않게 하려 함이라』(딛 3:14).

■ 새롭게 깨달았거나 적용할 내용이 있다면 적어 보세요. ■

NOTES

NOTES

복습 문제 정답

제1과

1. 헬라인
2. 크레테
3. 주 예수 그리스도
4. X
5. 신비들
6. O

제2과

1. 교리
2. 거룩함
3. 현숙한 여인
4. 유대인, 주인, 남편
5. 건전한 교리

제3과

1. X
2. X
3. 나타나심
4. X
5. X
6. O

제4과

1. 의, 죄악
2. 종 노릇
3. 행위, 중생, 성령
4. 상속자

제5과

1. 확언
2. 무익
3. 거절
4. 궁핍
5. 열매

< 추 천 도 서 >

목회서신

피터 S. 럭크만 지음 / 460쪽

20,000원(eBook 14,000원)

이 책은 지역 교회를 통한 하나님의 사역을 이해하게 하며, 또 지역 교회를 섬기는 신실한 성도 및 사역자의 자격을 알려 준다.

믿음의 선한 싸움을 싸우라

이송오 목사 지음 / 184쪽

7,000원(eBook 4,900원)

이 책은 우리의 영적 싸움에서 가장 기초적이라 할 수 있는 영적 분별력을 키우게 해 준다.

믿음의 좁은길

조지 문델 지음 / 152쪽

4,000원(eBook 2,900원)

이 책은 아브라함의 생애를 조명해 보는 가운데 우리가 그리스도인으로서 승리의 삶을 살수 있는 방안을 제시하고 있다.

완벽한 교회는 없는가

이송오 목사 지음 / 296쪽

12,000원(eBook 8,400원)

참 교회의 모습을 찾으려고 하는 성도들, 특히 올바른 목회를 하려고 준비하는 신학생들과 목회자에게 좋은 교과서로 제시된다.

솔로몬 성경공부 시리즈

디 도 서

선한 일들에 유념하여 진력하라

초판1쇄 2024년 10월 11일
초판2쇄 2024년 10월 24일
지 은 이 / 편 집 부
발 행 인 / 박 승 용
발 행 처 / 말씀보존학회
출판등록 / 제409-2022-000036호
주 소 / 서울 강서우체국 사서함 제90호
전 화 / (02) 2665 - 3743
팩 스 / (02) 2665 - 3302
인 터 넷 / www.biblemaster.co.kr

잘못된 책은 바꿔 드립니다.
값 10,000 원